하루
하루
詩作

이렇게 詩作 콘서트 시즌1(A=B)

하루 하루
詩作

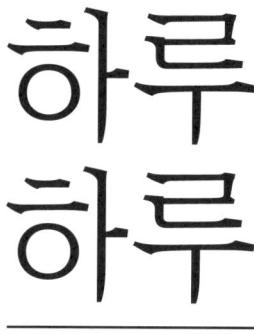

인생은
바라보는 대로 간다

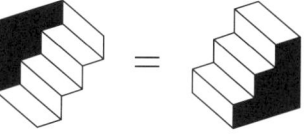

김기진 김지훈 노진관 부정필
박희성 양승현 오승건 정이관
조원규 홍기화 황준호 황태옥

· 여는글 ·

100일 동안 하루 한 편의 詩,
변화된 자신의 모습을 발견하다.

'하루하루 詩作'은 12명의 직장인이 '이렇게詩作 콘서트' 참여를 통해 'A=B' 형식으로 지은 詩다. 습관적인 일상에서 자신을 발견하고자, 하루 한 편의 詩를 100일 동안 詩作한 것이다. 101일째가 되는 날 '이렇게詩作 콘서트'를 개최하여 각각 詩作한 100여 편 중 한 편의 詩를 선정하여 '詩낭송 콘서트'가 진행되었다. 이번 '하루하루 詩作'은 각각 10편을 선정하여 총 120편의 詩를 모은 시집이다.

'이렇게詩作 콘서트'에 참여한 12명은 신입직원, 리더, CEO, 저자 등 다양한 분들의 참여로 매일매일 신선한 주제를 접하고, 서로 다른 생각을 엿볼 수 있었다. 단체 카톡방을 활용하여 매일매일 접하게 되는 詩作은 평소 생각하지 못했던 부분에 깜짝깜짝 놀라게 하거나, 어느 순간 자신의 관점도 변화되는 현상이 있었기에 100일간의 참여가 가능했다. 무엇보다 하루하루에 의미를 부여하고, 하루하루에 흥미로움과 즐거움을 찾아내는 시간을 갖고, 서로 간의 '다양한 관점'을 공유함으로써 변화된 자신의 모습을 발견할 수 있는 시간이었다.

다음은 '이렇게詩作 콘서트 시즌1 A=B'에 참여한
시인들의 소감이다.

순간에 떠오르는 생각을 스마트폰으로 정리하는 기술을 배우고, 사물과 현상을 바라보면서 인생의 진정한 의미와 가치를 생각하게 되었다. 이번 기회로 올해 안에 나의 저서 원고 초안 마무리를 해야겠다. 지나고 보니 A=B 詩作은 습관적인 글쓰기를 훈련하기에 정말 좋은 방법이다. 　　　　　　　　　　　　　　　　　　노진관

날마다 생각하니 생각이 생각의 꼬리를 물고 새로운 생명으로 성장하는 것을 알게 되었다. 도반 분들과의 만남이 격려와 거름이 되어 성장하였을 뿐만 아니라 함께한 시간 동안 즐겁고 행복했다. 앞으로 다양성과 낯섦의 공간을 즐기려고 한다. 열정을 가진 사람들과 함께하면 시너지를 넘어 에너지가 넘칠 것이다. 　　오승건

단어가 갖는 힘을 실감하고, 스스로 정의를 내리며 정리되는 느낌이다. 꾸준함에 다시금 도전해야겠다. 이렇게詩作 콘서트를 통해 좋은 아이디어 진행에 감사한다. 　　　　　　　　　　　조원규

일상 속 일이나 사물에 대해 생각을 많이 해보고, 그 생각을 요약 정리하고, 그것을 좀 더 고운 말의 시어로 바꿔 쓰는 스킬을 배웠다. 글은 그냥 쓰면 되는 거구나! 이런 것도 시라고 할 수 있을까? 내게 이런 열정이 있었네! 라는 느낌도 신선했다. 앞으로도 일상의 생각들을 잘 다듬어서, 시 뿐만이 아닌 운율이 있는 시조나, 분량 제약이 없는 산문에도 한번 도전해 보고 싶다. 이렇게 詩作 콘서트! 어떻게 100일이 갔는지 알 수 없다. 그냥 하루하루 생각나면 적었을 뿐인데, 어느새 126편이라니… 부정필

매일 습관이 참 중요하다는 걸 느꼈다. 하지만 한번 흐름이 끊어지고 나면 '다시 시작이 참 어렵구나.'라는 것도 느꼈고 그럼에도 혼자가 아닌, 함께 이었기에 가능하였다. 이번 《하루하루 詩作》 프로젝트를 통해, 매일 매일 습관의 중요함을 새롭게 느꼈다. 매일 단톡방의 신선한 글들을 보면서 '많이 배우고 익혀야겠구나, 시즌 2가 있다면 다시 도전 해 보고 싶다'는 생각도 해 본다. 나의 끈기와 한계를 다시금 찾을 수 있는 소중한 기회가 되었다. 함께 동참한 우리들에게 그동안 이끌어 주신 대표님께 감사드립니다. 황태옥

하루하루 살면서 하루하루를 잃어버리고 있다고 생각했다. '이렇게 詩作콘서트'에 모이신 분들 덕분에 하루를 버리지 않고 짧은 기록으로 남길 수 있었던 소중한 경험이 되었다. 무덤덤하게 지나쳐 간 일상에 약간의 생기를 넣을 수 있었고, 100일의 나날이 더해지니 작은 시상들도 우물처럼 제법 모여져서 가끔씩 시원한 청정수처럼 마실 수 있어서 너무 좋다. 콘서트를 열어주신 김기진 대표님과 참여하신 모든 분들께 감사드린다. 정이관

표현력?^^ 사물을 다른 각도에서 보려는 노력이 있었고, 단어를 다시 생각해 보는 기회가 되었다. 하루 일과 후 생각나는 대화 중 '이렇게 표현했더라면…' 이렇게詩作 시즌2. 또다시 도전이다. 지금은 아침을 알리는 詩作이 없으니, 허전하다. **홍기화**

시인가족과 살면서 아침에 시 나눔이 용감한(?) 참여 동기를 주었다. 삶을 살면서 모두가 시인이 된다면 각박한 현실에서 삶에 여유와 아름다움의 시선을 가질 것이다. '이렇게詩作'을 통해 순수한 열정과 뜻을 공유한 시인들 연합 시간들은 내 인생의 소중한 씨앗이자 열매다. 시작이 반이고 끝도 반, 그 중 시작 과정들이 없다면 우리의 참 열매가 맺기 어려웠을 것이다. A=B시가 '때시'로 이어지는 아름다운 동행의 시작을 기획한 김기진 대표와 참여한 우리 모두에게 감사하다. **황준호**

100일 동안 100여 편의 詩作을 하면서, 무언가에 의도적으로 관심을 갖고, 이에 대한 자신의 생각을 표현하는 것이 굉장히 중요함을 깨닫는 시간이었다. 또한 매일매일 다양한 사람의 생각을 함께 공유한 다는 것이 자신의 생각 변화에 커다란 자극이 되고, 실제적인 행동변화에 도움이 되었다. 함께 참여해주신 모든 분들이 소중하고, 감사하다. '이렇게詩作 콘서트 시즌2가 시작될 때, 하루하루가 설렌다.' **김기진**

· 목차 ·

	100일 동안 하루 한 편의 A=B 詩쓰기	
	변화된 자신의 모습을 발견하다.	4
홍기화	소통은 시소다	14
	비교는 질병이다	15
	조직은 밭이다	16
	여유는 계획이다	17
	나태는 수렁이다	18
	詩作은 벌거숭이다	19
	세월의 속도는 두루마리 휴지다	20
	질문은 알람이다	21
	목표달성은 시계의 시침이다	22
	인정(認定)은 활력소다	23
노진관	삶은 연극공연이다	26
	아내의 기분은 원두커피다	27
	회사업무는 조기축구다	28
	인간관계는 거미줄이다	29
	꿈은 풍선이다	30
	삶이란 이슬과 새벽안개다	31
	소통은 합창이다	32
	봉사는 송편의 소다	33
	감사는 매끼 식사다	34
	사랑은 참는 것이다	35
황태옥	삶은 신호등이다	38
	그대는 설렘이다	39
	감사는 민들레 홀씨다	40
	여행은 멋진 인생이다	41
	소통은 아가페 사랑이다	42
	용기는 삶의 메신저다	43
	기다림은 빈 의자다	44
	사랑은 둘이 가는 길이다	45
	커피는 그리움이다	46
	카톡은 우체통이다	47

부정필	시작(詩作)은 시작(始作)이야	50
	세월은 강물이야	51
	사랑은 버스야	52
	인생은 돛단배야	53
	경험은 밑천이야	54
	위로는 한 잔 술이야	55
	칭찬은 연료야	56
	신뢰는 유리창이야	57
	계획은 요리 레시피야	58
	마음은 축지법이야	59
김기진	독서는 시간 여행이다	62
	삶은 태양이다	63
	詩作은 열정이다	64
	마음은 호수다	65
	믿음은 씨앗이다	66
	목표는 설레임이다	67
	소통은 고속도로다	68
	조직은 해바라기다	69
	인정은 변화의 시작이다	70
	생각은 바람이다	71
양승현	바람은 소통이다	74
	회사는 나를 만들어가는 곳이다	75
	글쓰기는 반성이다	76
	책은 어지러움이다	77
	괜찮아는 감사다	78
	추억은 추억일 때 아름답다	79
	도전은 생명연장이다	80
	기본은 주춧돌이다	81
	길은 산길이 최고다	82
	가족은 거울이다	83

조원규	리더는 농부이다	86
	행복은 사칙연산이다	87
	시작은 번짐이다	88
	매력은 머드(MUD)이다	89
	질문은 낚시 줄 끝에 달린 떡밥이다	90
	쉼은 스스로 갖는 것이다	91
	명상은 비움 보단 채움이다	92
	가능성은 미친 짓이다	93
	책임은 의무 보단 권리이다	94
	정상은 바닥일 뿐이다	95
오승건	여행은 여전한 행복이다	98
	생각은 씨앗이다	99
	소통은 소와 통화하는 것이다	100
	조직은 직조(織造)다	101
	몰입은 소멸이다	102
	고통은 통고(通告)다	103
	일상은 이상(理想)으로 가는 문이다	104
	행복은 해보기다	105
	명상은 면상(面上)이다	106
	저 절로 가는 달은 불심(佛心)이 깊다	107
박희성	감사="능력"이다	110
	학습="버스"다	111
	화장실="아이디어 창고"다	112
	근성="다이아몬드"다	113
	목표="내비게이션"이다	114
	행복="마일리지"다	115
	경험="숨은 그림 찾기"다	116
	감정="커피"다	117
	인생="회전문"이다	118
	기다림="기회"다	119

황준호	기대감은 플러스감	122
	명상은 인간 집의 재료	123
	가능성은 빛나는 성	124
	유쾌함은 단타	125
	리더는 생명의 등불	126
	질문은 소통의 문	127
	성취는 열매	128
	사업은 예술	129
	도전은 악셀레이터	130
	깊은 생각은 아이디어 뿌리	131
정이관	가족은 산이다	134
	공장은 숨소리의 저장고다	135
	도시의 여름은 메마른 고슴도치다	136
	친구는 굴절 거울이다	137
	불신은 믿음이 일군 메마른 땅이다	138
	지하철은 소리 없는 장터다	139
	고향의 밤은 포근한 바다	140
	자전거길은 동행이다	141
	하늘공원은 바람의 놀이터	142
	가락시장은 은하수다	143
김지훈	만남은 수수께끼다	146
	사랑은 파도다	147
	변화는 바람이다	148
	월요일 출근은 설렘이다	149
	소통은 솔선수범이다	150
	조직의 리더는 아버지다	151
	조직은 네트워크다	152
	경영은 사랑의 실천이다	153
	미소는 존중이다	154
	무관심은 죽음이다	155

홍기화

수학과 전산 전공

느즈막이 기술경영 공부

ERP 회사에 개발신입으로 입사하여 기획임원으로 근무 중

많은 사람과의 만남을 좋아하고 좋은 엄마, 좋은 아내 이고픈 여자

소통은 시소다

내가 무거우면
앞으로 가야하고

상대가 무거우면
뒤로 가야한다

서로 맞지 않는 무게
상대에게 맞추며 타야 한다

가끔은
기다려주고
가끔은
이끌어주고

비교는 질병이다

큰 것과 비교하면
절망하고
초라해 진다

작은 것과 비교하면
거만하고
나태해 진다

비교가 시작되는 순간부터
마음은 병들기 시작한다

나는
있는 그대로의
나다

조직은 밭이다

야채가 잘 자라는 만큼
잡초도 참 잘 자란다

잡초는
부지런히
뽑아 주어야 한다

잡초는
방관하면 무성해진다
잘 자라던 야채도
작아지거나 말라버리게 한다

잡초가 무성한 조직은
우수인재도 숨어버리거나 조직을 떠나 버린다

여유는 계획이다

비워 놓지 않으면
생기기 어렵다

계획하지 않은 여유는
왠지
여유롭지 못하다

나태는 수렁이다

빠져나오기가
무척이나 힘들다

여유로 착각하면 안 된다

詩作 은 벌거숭이다

詩作을 始作한지 반이 지났지만
아직도 쑥스럽기만 하다

다른 사람의 詩作은 참 훌륭한 글이 많다
다들 시인 같다

그래도 이렇게 포기하지 않고
달리는 나
스스로에게
격려를 보낸다

세월의 속도는 두루마리 휴지다

10대의 한바퀴
20대의 한바퀴
30대의 한바퀴
40대의 한바퀴

점점 더 작아지고, 점점 더 짧아진다
가속도가 붙는 느낌이다

그래서
나이를 먹을수록 더욱 더
긴장하며 살아야 한다

질문은 알람이다

잠자고 있던 뇌를 깨운다

자식에게
직원에게
본인에게
뇌를 깨울 수 있는 질문을 하자

목표달성은 시계의 시침이다

시침은
제자리에 있는 것 같아도
쉬지 않고 움직이는 초침에 의해
어느 순간 바뀌어 있다

목표 달성도
까마득해 보이지만
꾸준히 인내를 갖고 노력하다 보면
어느 순간 목적지에 도달해 있다

이렇게 詩作 콘서트가
얼마 남지 않은 것처럼

인정(認定)은 활력소다

인정을 받기 위해
열심히 일하고

인정을 받으면
더 열심히 일한다

스스로에게 받는 인정은
뿌듯한 행복으로
가득 찬다

하루하루-詩作

詩作

노진관

건축과 법학을 전공하고 대학에서
학생들을 가르쳤으며 현재 법원에 근무하고 있다.
소소한 일상에 대해 글을 쓰며, 그림을 그리고 사진도 찍으며
매일의 행복에 감사하며 살고 있다.

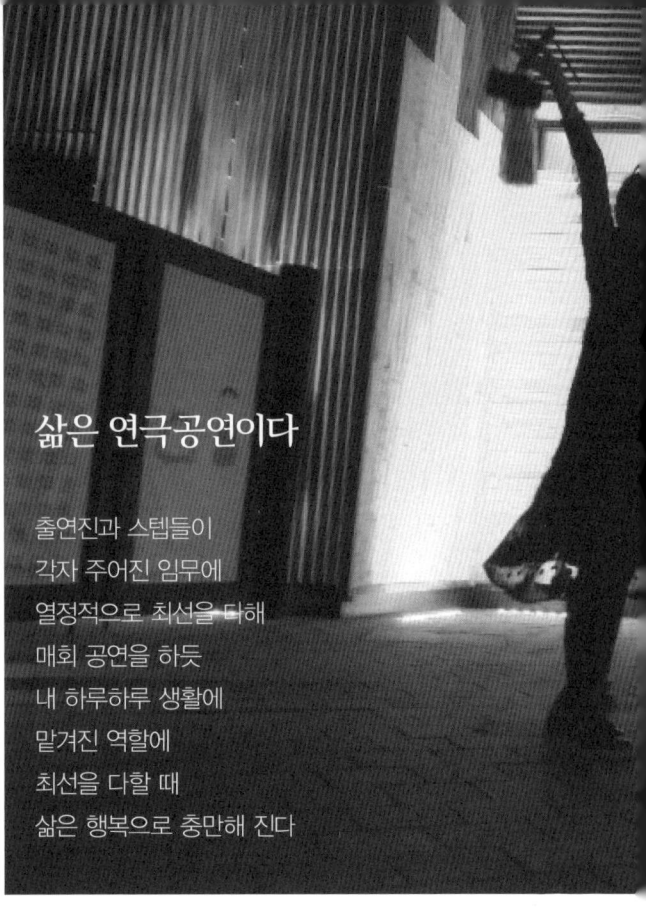

삶은 연극공연이다

출연진과 스텝들이
각자 주어진 임무에
열정적으로 최선을 다해
매회 공연을 하듯
내 하루하루 생활에
맡겨진 역할에
최선을 다할 때
삶은 행복으로 충만해 진다

아내의 기분은 원두커피다

바리스타의 로스팅 기술에 따라
적당한 쓴맛과 좋은 향기를 가진
고품질의 커피가 탄생하듯
아내의 기분도
남편의 관심과 배려
따스한 손길에 따라
잔소리와 상차림이 달라진다

회사업무는 조기축구다

즐겁게 하다보면
목표가 생기고
승리를 위한 전략과
팀원의 협력으로
성취감을 맛볼 수 있다

인간관계는 거미줄이다

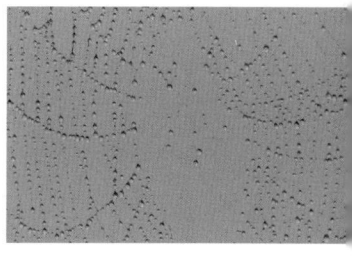

넓은 거미줄을 쳐야
많은 먹이를 구할 수 있다
하지만
먹잇감이 없는 곳에 치면
헛일이 된다
인간관계를 위해
많은 모임에 참석해도
좋은 사람이 없으면 의미가 없다

꿈은 풍선이다

공기를 꽉 채워야 띄울 수 있고
줄을 잡고 있어야 놓치지 않듯
꿈을 크게 갖고
꿈을 이루기 위해 끊임없이
노력해야 한다

삶이란 이슬과 새벽안개다

풀잎에 맺혀
영롱하게 맺힌 이슬처럼
우리의 삶도
찬란하고 아름다울 때도 있지만
아침의 자욱한 안개처럼
앞이 잘 보이지 않을 때도 있다

소통은 합창이다

공기를 꽉 채워야 띄울 수 있고
줄을 잡고 있어야 놓치지 않듯
꿈을 크게 갖고
꿈을 이루기 위해 끊임없이
노력해야 한다

봉사는 송편의 소다

겉면의 반지르함 보다
소에 따라 송편 맛이 결정되듯
인생의
화려한 경력보다
자아를 깨달아
봉사하는 삶이
진정 행복한 삶이다

감사는 매끼 식사다

식사는 거르면
건강을 해치고
잘 먹으면 행복하듯
항상 감사하면
행복한 마음으로
삶이 채워질 것이다

사랑은 참는 것이다

정치인이 참으면 나라가 안정되고
형제자매가 참으면 집안이 화목하고
부부가 참으면 평생 함께할 수 있으며
내 자신이 참으면 내 주변이 편안하다

이렇게 詩作 시즌 1-노진관

하루하루-詩作

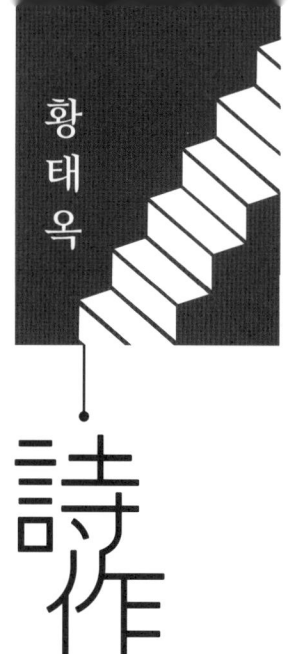

황태옥

펀앤코리아 대표, 조찬독서포럼 포항나비 리더
대한민국강사협회 전문 강사, 경영학 박사.
한 편의 시를 통해 누군가에게 바람 같은 역할을 하는
동기부여 강사이다.
저서로 시집 《꽃처럼 너를 사랑한다》,
《황태옥의 행복콘서트 웃어라》가 있다.

삶은 신호등이다

푸른 신호등을 보면
거침없이 달린다

황색 신호등일 때는
갈까 말까 망설이다가
잠시 멈춤

붉은 신호등일 때는
바로 멈춘다

우리네 인생도 신호등과 같더라.

그대는 설렘이다

그대를
사랑하는 남다른 이유는 없다

그래도
굳이 말하자면
그냥
좋으니까.

감사는 민들레 홀씨다

감사를 표현하면
빛의 속도로 전파되어
꽃을
활짝
피울 수 있으니까.

여행은 멋진 인생이다

평소 보지 못하고
느끼지 못한 것들을
황홀 할 만큼
보고 느낄 수 있으니까.

소통은 아가페 사랑이다

어머니 같은 마음으로
소통 하면
세상사 어떤 것도
통할 수 있으니까.

용기는 삶의 메신저다

힘들고
어려울 때
이겨 낼 수 있는
에너지를 팍팍 주니까.

기다림은 빈 의자다

그대에게
의자가 되어 줄게

그때부터 지금까지
내 가슴은
늘 빈자리

그대가
앉을 때 까지.

사랑은 둘이 가는 길이다

혼자 가는 길은
애틋함이 따라오고

둘이 가는 길에는
사랑이 따라 와서
행복함으로 가득 할 테니까.

커피는 그리움이다

눈 감아도
너의 얼굴이 보이고

길을 걸어도
네가 생각나고

커피를 마셔도
그대 얼굴이 보이니까.

카톡은 우체통이다

사랑을 담고
웃음을 담고
소식을 담아

그대에게
내 마음 모두 담아
전달 할 수 있으니까.

부정필

㈜전주페이퍼 신문용지영업팀 부장, 동회사 인사팀장 역임
진도 명량 앞바다를 놀이터 삼아 호연지기를 키우며 자람.
종이 만드는 회사 근무에 자부심이 강한 샐러리맨이자
예술과 사회에 대한 관심으로 다양한 사람들과 교류하며
일상의 단상을 글로 즐기는 로맨티스트

시작(詩作)은 시작(始作)이야

이제부터,
난 시(詩)를 통해
새로운 출발을 만들어 낼 거야.

어쩌면,
이 시작(詩作)은
아름다운 글을 만들어 낼 것이고,

어쨌든,
이 시작(始作)은
새로운 나의 날을 만들어 낼 거야.

세월은 강물이야

가만히 있는 데도 잘만 흘러가잖아.

내가 가기 싫더라도
뒤에서 밀어서 마냥 떠밀려 가지.

그래, 맞아.
이젠, 돌아보지 말자.

흘러간 세월은 잡을 수 없고,
흘러간 강물도 돌릴 수 없는 거니까.

사랑은 버스야

놓쳤어도 기다리면 또 오잖아?
발동동일랑 필요 없어.

하지만,
너무 늦으면
아무리 기다려도 오지 않아.

그래서,
사랑과 버스도 다 때가 있는 법 아닐까?

인생은 돛단배야

바람에 그 행로가 좌우될 수밖에 없지.

순풍에 돛 달고 순항할 때도 있고,
폭풍에 돛 찢겨 침몰할 수도 있어.

중요한 건,
뱃사공이 그 바람을 어떻게 활용하느냐지.

우리네 인생도 그래.
근심 걱정일랑 쓸 데 없으니,
그 바람에 그냥 날려버리면 돼.

경험은 밑천이야

많이 쌓을수록 좋은 거야.

경험이나 밑천이나
쌓이면 힘이 더 실리고
없으면 힘이 더 빠지잖아.

실패의 경험도
삶의 걸림돌이 아닐 수 있고,
성공의 경험도
삶의 디딤돌이 아닐 수 있어.

모든 경험에서 노둣돌을 놓아
삶의 주춧돌로 만들어야 하지.

위로는 한 잔 술이야

몸도 마음도 다 따뜻해지거든.

힘들고 지쳤다고 느낄 때,
"한 잔 하고 해. 다 잘 될 꺼야."

하찮고 형편없다 느낄 때,
'쉬엄쉬엄 해. 이대로도 괜찮아.'

이런 말 들으면,
세상사 뭔들 그냥 다
술~술~술
잘 풀릴 것 같지 않니?

칭찬은 연료야

계속 앞으로 나아 갈 수 있는
힘이 되어 주니까.

연료를 채우면
차가 뜨거워지고,
가파른 길에서도
동력과 추진력이 생기듯.

칭찬을 받으면
맘이 뜨거워지고,
새로운 일에서도
용기와 의지력이 생기지.

신뢰는 유리창이야

단단한 듯 보여도
깨어지기가 쉬우니까.

한번 깨어진 것을
완벽하게
복구하는 길은
어디에도 없을 거야.

조심조심 안 하면
조각조각 상처뿐.

계획은 요리 레시피야

둘 다 처음의 생각대로는
잘 안되는 게 다반사더라구.

생각대로 살지 않으면
사는 대로 생각하게 된다며
너무 다그치진 말아줘.

생각대로 잘 되지 않는 게
더 멋진 일일 수도 있잖아?

생각지도 못했던
더 좋은 일이 생길 수도 있거든.

마음은 축지법이야

제 아무리 멀고멀어도,
마음만 있으면 가까워지기 때문이지.

마음이 없으면
가까이 있어도 먼 사람.

마음이 없다면
가까이 있어도 먼 나라.

넌 말이야
늘 내 맘 속에 있지.

詩作

김기진(ERiC kim)

한경닷컴 HR칼럼니스트, 한국HR포럼(주) 대표이사
한국HR협회 대표로 2008년부터 매월 'HR포럼' 개최,
HR방향 제시와 HR역량강화 콘텐츠를 기업에 제공
거방할 영업, FTP-R, 5 Finger Skill 등 HR프로그램 개발
MBN 사술아 멘토, KTV, 엑스퍼트컨설팅 본부장

독서는 시간 여행이다

과거를 더듬고
현재에 멈칫하며

미래를 향하게 한다

삶은 태양이다

포기하지 않으면
내일도
또 내일도
반드시 떠오른다

나의 삶도
그러하다

詩作은 열정이다

좀 더 관심이 생기고
좀 더 생각하게 하고
좀 더 몰입하게 한다

여전히
가득한 열정

마음은 호수다

넓을수록
하늘을 담고

깊을수록
산을 담는다

스치는 바람결에
산도 하늘도
모두 따라 웃는다

믿음은 씨앗이다

때가 되면 뿌리가 나고
때가 되면 싹이 나온다
때가 되면 꽃이 피고
때가 되면 열매를 맺는다

때가 되면 미소 띤 나와
마주한다

목표는 설레임이다

생각만 해도 가슴이 뛰고
다가갈수록 더 뛴다

멈춘 발걸음에 시동을 걸고
어느덧 달리게 만든다

시들어 버린 꽃도
다시 피우고

달콤한 열매로
마법을 부린다

소통은 고속도로다

너무 빨라도 문제고
너무 느려도 문제다
사고라도 나면 꽉 막힌다

조직도 그러하다

규칙에 공감하고
규칙을 준수하면
소통은 원활해진다

조직은 해바라기다

햇볕을 쐬는 만큼 자란다

비전은 방향을
조직문화는 열정을

리더는
이들을 알게 하고
씨앗으로 촘촘히 채운
해바라기가 된다

이렇게 詩作 시즌 1-김기진

인정은 변화의 시작이다

과거를 인정하고
현재에 공감하고
미래를 변화시킨다

지금 당장
내가 인정해야만 하는 것은 무엇인가?

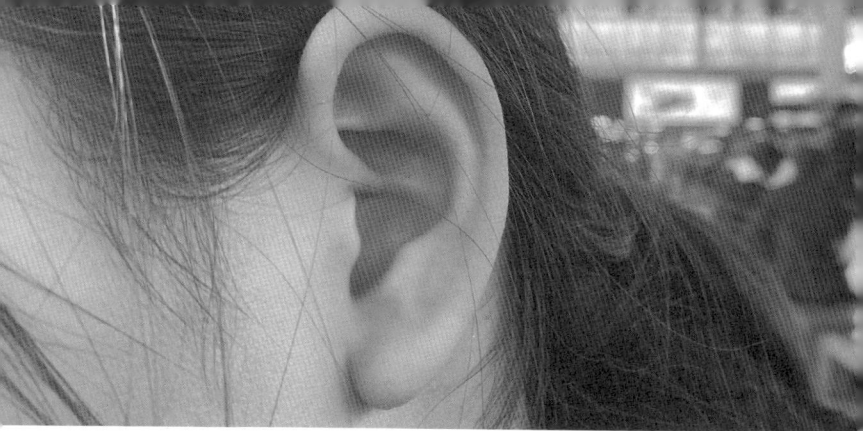

생각은 바람이다

하면 할수록 많은 것을 흔든다
하면 할수록 많은 것을 자극한다
하면 할수록 많은 것을 깨닫게 한다
하면 할수록 실행마저 자극한다

그러고 나면
또 다른 세상이 보이고

그러고 나면
새로운 생각도
새로운 행동도 흔들어 준다

나의 귓볼에도
바람이 속삭인다

양승현

서울도시가스에서 근무 중
KHR 내 도서모임 북세통에서 생각의 다름을 이해하고 공유중임
호기심이 많아 자연과 사람을 좋아함

바람은 소통이다

바람은, 머무름 없이 계속 움직인다
움직임이 있을 때 변화가 발생 한다
변화가 있을 때 소통이 이루어진다

회사는 나를 만들어가는 곳이다

회사가 없었다면
'詩작'을 시작하지 않았을 것이고,
워드, 엑셀 등은 남의 이야기일 것이다
예측 불가능을 배우고, 적응하며, 해결한다
예측 불가능은 기대감이 생기기조차 한다.
반복되는 예측불가능과 시련은 삶의 담금질이 되어
나를 더욱 더 성장하게 한다.

글쓰기는 반성이다

'詩작'의 시상을 찾아 헤맨다
삶의 족적들을 되짚어본다
글을 통해 내 삶은 몇 줄의 문장으로
승화된다

책은 어지러움이다

어지러운 문자들의 향연은
극한 피로와 번뇌는 꾸준한 생각의 길로 이끈다
어느 순간,
실타래 같던 어지러움이 풀린다
끝없는 어지러움의 반복이지만
나의 길은
점점 크고
점점 명확해지며
점점 원대해진다

괜찮아는 감사다

모자라고 어설프며, 실수가 있기에 인간이다
실수를 이겨내며 전진할 때, 비로소 인간다워진다
아직 다시 시작할 수 있는 기회가 있기에 괜찮다
괜찮아 라는 말을 해주고, 들을 수 있기에 우리는 안도한다
괜찮아라는 한마디에 우리는 서로 감사한다

추억은 추억일 때 아름답다

'푸름' 그 자체만으로 아름다웠던 나의 청춘 그리고 친구들
흐르는 세월 속 소식이 끊긴 친구들이 궁금할 때가 있지만,
추억 속 친구가 아름답기에, 추억 속 기억에 만족한다

도전은 생명연장이다

도전할 때 세상을 바라보는 시각이 바뀐다
도전할 때 일 보 더 움직일 수 있다
타조처럼 머리를 땅에 박고 불안에 떠는 것보다
고개를 들어 위험의 유무를 살피는 게 도전이다

기본은 주춧돌이다

주춧돌은 기본의 기본이기에
고르는데 많은 시간과 노력이 필요하다
기본이 없는 삶은 사상누각이다.
지치고 어렵더라도 기본에 충실하자
기본에 기본을 지킬 때 크게 이룰 수 있다

길은 산길이 최고다

폭 50여cm의 작은 길
오랜 세월 다져진 산길은
아스팔트처럼 딱딱하지도, 진흙처럼 무르지 않다
적당한 푹신함은 그냥 걷기만 해도 콧노래가 나온다
산길에서 사람을 마주할 때도
자연스레 서로 양보하며 배려한다
넉넉한 자연의 산길에서
나도 자연스레 넉넉해진다

가족은 거울이다

항상 마주보고 얘기 한다
때론 웃고. 울며. 화낼 때도 있다
그들에 의해 내 삶이 바뀐다
그들도 나에 의해 삶이 바뀐다
닮은 듯 다른 우리 가족은
거울에 비친 나의 모습이다

詩作

조원규

한미글로벌㈜ 이사로 근무 중
31년차 HR 및 CM영업 분야 전문직업인이자
조직문화 전문가로 부서장 및 임원의 역할과
리더십 분야의 연구자이자 강사로 활동 중.
인재개발교육전공 석사이자 평생교육사로
저서로는 《조직문화가 전략을 살린다》가 있다.

리더는 농부이다

적절한 시기 알아 철에 맞는 씨를 골라 뿌리고
자연에 믿고 맡길 줄 알아 스스로 자라나게 하고
맺혀진 열매 빛난 상품으로 출시하여 빛나게 하니
리더야 말로 좋은 인력 키워내는 멋진 농부

행복은 사칙연산이다

행복은 마음을 비우(−)고, 정을 나누(÷)다 보면 생겨나고
거기에 기쁨을 더하(+)고, 사랑을 곱하(×)다 보면 더 커지는 것
그럼! 더하고 빼는 산수를 잘하면 더 행복해 지는 걸까?

시작은 번짐이다

화선지에 먹물 번지듯이
현실이란 화선지에 시도라는 먹물 찍어
몰입하여 변화와 혁신의 한 획 한 획 이어가다 보면
걸작이라 이름할 만한 작품 만들 수 있네
그래서 시작이 반이지

매력은 머드(MUD)이다

이것은 순간적으로 쉽게 빠져들고
이것과 친숙해지면 여기저기 바르게 되지
이것을 바른 모습 서로 보면 좋다고 웃게 되고
이것이 굳어지면 미련 없이 털어내서 깨끗하게 씻지

이렇게 詩作 시즌 1-조원규

질문은 낚시 줄 끝에 달린 떡밥이다

꾼이 던진 질문에 생각 없이 다가가다 가는
그가 던진 날카로운 바늘에 입이 꿰인 신세
포기 않고 끝까지 발버둥 치며 방안을 모색하다 보면
순간 해답 찾아서 살며시 웃게 되지

쉼은 스스로 갖는 것이다

쉼은 자신 스스로에게 주는 최고의 선물
그래서 쉼은 작정하고 스스로 갖는 것
갖지 못하고 지나치면 후회로 남는 것
쉼은 순간과 과정을 찬찬히 되돌아보는 것
쉼은 잠시 멈추고 나는 지금,
여기서, 무얼하고 있나 들여다보는 것
쉼은 거친 호흡 조절하며,
뛰는 심장 박동을 찬찬히 고르는 것
그래서 쉼은 쓴 커피에도 달콤함을 느끼는 것

이렇게 詩作 시즌 1-조원규

명상은 비움 보단 채움이다

명상은 먼지 같은 생각을 비워내고 맑음 감각으로 채우며
명상은 일상의 바쁨으로 잃어가던 나를 느끼고, 깨달으며
명상은 번잡한 짐 비워내고 정갈함으로 다시 채우는
명상은 소중한 시간이자 충만한 에너지가 채워지는 순간이다

가능성은 미친 짓이다

생각 속에 있는 것이 실현 될 것 같아
한번 시도 해 보려 하는 가능성
불가능해 보이지만 일말의 실마리를 찾아보고
일단 한번 해보자 하는 가능성
현실이 100이라면 0~99 사이가 가능성이기에
그 가능성 보고 무엇을 시도 한다는 것은
어느 정도 미치지 않고서는 불가능

책임은 의무 보단 권리이다

책임은 낮은 자리보다 높은 자리에 더 많아
책임은 의무보다는 권리
선택은 누구나 할 수 있으나 그 결과를 책임져야 하기에
책임은 의무보다는 권리
우리의 현실적 인식으로는 책임은 의무에 해당
그래서 나는 책임의 무게 달아 보았더니
책임은 여전히 권리에 가까워.

정상은 바닥일 뿐이다

정상은 더 이상 오를 수 없는 바닥일 뿐
정상을 유지할 수 있는 방법 또한
정상에 남이 오를 수 없는 바닥을
지속적으로 만들어 놓는 것

그럼 나만의 방법으로 남이 부러워하는
바닥 하나 만들면 그 또한 정상
그래서 바닥을 알고 그 바닥을 체험하는 것이 중요
그러므로 바닥을 다지는 것이 바로 정상가는 길

오승건

소비자 상식 사전
《정말 그런 거야?》의 저자이자 소비자칼럼니스트
인터넷 신문 SR타임스에 오승건 시인의 사물놀이 연재
현재 도시 농부, 한국소비자경영협의회 전문위원

여행은 여전한 행복이다

학생 때 수학여행
결혼 때 신혼여행
돈 없을 때 무전여행
모든 여행이 행복했다

여행은 설렘이 있는 행복이다

생각은 씨앗이다

씨앗은
산소, 물, 온도의 조건이 갖춰지면
싹이 난다

생각도
환경을 만들고 자극하면
싹이 나고
꽃도 피고 열매를 맺는다

소통은 소와 통화하는 것이다

농부가 소와 교감하며
논이나 밭을 매는 것처럼

사람과의 소통도
부단히 노력해야 한다

같은 언어를 쓴다고
소통이 되는 것은 아니다

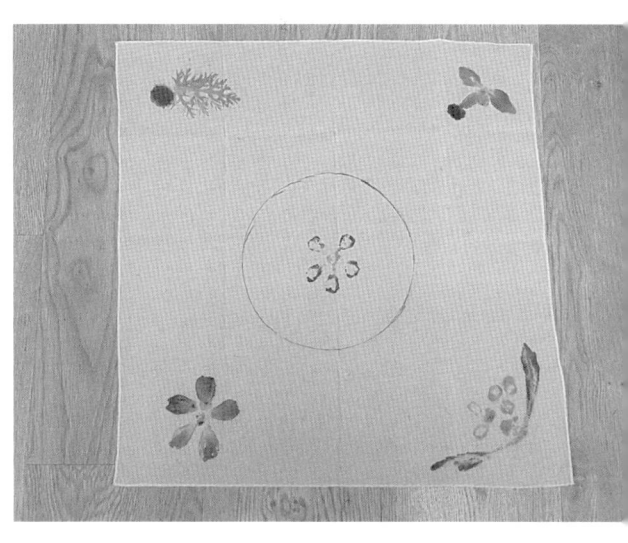

조직은 직조(織造)다

즉 천을 짜는 것과 같다

구성원 각자가 역할을 충실하게 하면
좋은 작품이 나온다
구성원이 역할을 잘못하면
불량품이 나온다

몰입은 소멸이다

잡념의 소멸
군더더기의 소멸
본질의 소멸

텅 비어야 충만해진다
몰입은 소멸이다

고통은 통고(通告)다

고통은 몸이나 마음이 보내는
구조 신호다

고통스러울 때는
내면의 나와 대화하는 시간이 필요하다

고통은 힘들다고
나에게 알리는 통고다

일상은 이상(理想)으로 가는 문이다

일상을 열정과 정성으로 세월에 삭히면 이상에 이른다
일상을 통하지 않고 이상으로 바로 가지는 못한다
일상이 이상하면 폭삭 망한다

행복은 해보기다

매일 떠오르는 해 보기
무엇인가 새로운 일을 해보기
열정을 가지고 계속 해보는 것이 행복이다

명상은 면상(面上)이다

명상은
자기 자신의 본래 얼굴을 보는 것이다

얼굴의 때를 닦아내고
마음의 먼지를 씻어내는 것이
명상이다

저 절로 가는 달은 불심(佛心)이 깊다

가을 색이 깊어지는 계절에는
저 절로 가고 싶어진다

풍경 소리
마음에 담고 싶다

쪽빛 하늘도
닮고 싶다

저 절로 가는 달처럼

詩作

박희성

작은 관심이 누군가는 큰 행복된다
사람은 누구나 변할 수 있다는 신념으로
지역과 이웃을 위한 새마을 협의회 봉사 청년
현재 한국HR포럼(주)에서 인재 육성을 위해 쉬지 않고
달려 나가는 HR PD로 HR교육프로그램 기획 마케팅 담당

감사="능력"이다

단순한 고마움의 표현이 아닌
사소한 일에 칭찬하기 어려울 때 상대방의 능력을 인정하고
나의 능력을 평가할 수 있는 최고의 단어 감사합니다.
감사라는 말을 들을수록 자신의 성장지표를 파악할 수 있다.

학습="버스"다

언젠가는 필요한 것
누구에게나 필요한 것
탈 기회는 다시 오지만 놓치면 지각이다...
눈에 버스가 보이면 고민하지 말고 뛰어서라도 타야 한다.

화장실="아이디어 창고"다

화장실에 들어가면 기가 막힌 아이디어 혹은
제안으로 무릎을 탁! 치는 순간이 많다.
한 곳에 집중을 하는 습관은 어지러운 생각을
정리하게 한다
세상을 바꾸는 아이디어의 절반 이상은
화장실에서 나온 게 아닐까

근성="다이아몬드"다

태어날 때는 모른다.
자신의 가치를
무식하고 단단하기만 한 줄 안다
깎고 깎이다 보면 분명 사람들이 인정하는
아름답고 가장 단단한 보석이 된다.
변화에 두려워하지 말고 내 안의 가치를
뽑아내자

목표="내비게이션"이다

길을 잘 못 들었다며 다급해지는
목소리가 이쁜 그 여인... 여기가 우리 집 앞인데..
자꾸 도로로 나가라고 자신을 따라오라고 유혹한다....
누구나 실수는 한다, 정확한 답은 없다
누군가 나를 의심해도 목적지가 분명하다면
지금 내가 가는 길이 지름길이 될 수 있다

행복="마일리지"다

쌓이고 쌓이면 행복하다 언젠가 소멸되지만
시간이 지나 등급이 올라가면서 다시 모을수록 더 커진다.
사랑하는 사람 혹은 가족 모두가 함께 적립하면 더 커진다.

경험="숨은 그림 찾기"다

하면 할수록 늘어만 간다. 적응이 되었다.
하나를 찾는 순간 안 보이던 무언가가 보인다.
아무리 안 보려 애를 써도 숨어있던 그 녀석은
사라지지 않는다.

감정="커피"다

커피는 식어야 진정한 맛을 느낄 수 있다.
뜨거운 커피를 억지로 먹으려 애쓰지 말자
시간을 두고 식으면
그 커피의 진정한 풍미를 느낄 수 있다.
그래서 난 항상 커피도 마음도 식혀 먹어 보려
노력한다. 그래야 한다.

인생="회전문"이다

시작과 동시에 끝부분을 준비해야 한다.
결정적인 순간에 치고 나가야
새로운 곳으로 향할 수 있다.

타이밍을 놓치면
계속 같은 자리를 맴돌게 된다.

기다림="기회"다

누군가를 기다릴 때 무언가를 기다릴 때
비로소 안 보이던 것들이 눈에 들어온다
기다림 내가 놓친 것을 채워주는 시간을
즐기는 사람이 되는가
기다림을 못 이겨 목이 빠져버린 어리석은
사람이 되는가
기다림은 기회인 것이다
잊고 있었던 것 미처 발견하지 못하고
지나쳤던 것 들을 생각할 기회

詩作

황준호

한국마을협회 회장, 공간그룹이사,
한국건축가협회 위원장으로 활동.
융합건축가로서 컬처매트릭스의 생각으로
다분야 융합디자인모형과 생성적BM캔버스구축 및
환경캔버스에 기회마을, 문화마을,
나눔마을을 짓고자 하는 신농부작가.

기대감은 플러스감

내가 충만할 때
줄 수가 있다

이븐(even)으로 균형을 맞춘다

명상은 인간 집의 재료

명상을 기초로
언어로 집을 짓는다

명상으로 나를 다지게 된다

가능성은 빛나는 성

누구에게나 찬란하게
빛나는 보석처럼

가장 귀하고 아름답게 빛나는 성이다

유쾌함은 단타

장타가 되도록
늘온
기쁘게 살아보자

리더는 생명의 등불

세상이 흔들리듯 하나
빛나는 그는

든든히 뿌리내린 그루터기다

질문은 소통의 문

그 문을
지나기 전 단단하다가
그 문을
지나면서 유연해진다

성취는 열매

바른 땀이 없다면
껍데기 열매다

많은 땀으로 풍성한 열매를 맺자

사업은 예술

내내 스타트업에서 유니콘까지
두근두근 그림이다

꿈꾸는 그림이 현실이 된다

도전은 악셀레이터

밟을수록
성공의 속도는 올라간다

포기만 하지 않으면 높은 속도가 가능하다

깊은 생각은 아이디어 뿌리

깊어질수록
알찬 열매 열린다

얕은 생각으로 이룰 수 없는 가치가 열린다

정이관

해맑은 산골에서 나고 자랐고
도시생활 이십육 년 만에 다시
고향이 그리운 중년
일진전기㈜ 인사과장, 현재 ㈜라파스에서
인사부장으로 근무 중이다.

가족은 산이다

산새소리처럼 정겹고
이슬 먹은 풀잎처럼 청롱하다

태곳적 흙처럼 부드럽고
언제나 봉우리처럼 아늑하다

가족은 신기하다
자연의 신비처럼

공장은 숨소리의 저장고다

휴가 떠난 공장에 당직 직원과 들어갔다
묵직한 설비들의 고즈넉한 침묵
새초롬히 서있는 검사기의 웃음기
바삐 돌았을 포장기의 까르륵 잡담
깨끗이 비워진 금속테이블의 손 인사
이 모두를 시원히 보듬는 에어컨의 웃음까지

텅 빈 공장에 온 직원들의 숨소리 가득하다
기계에도 숨소리는 고이나 보다

도시의 여름은 메마른 고슴도치다

시원한 차 안, 내뿜는 회색 열기
시원한 방 안, 베란다에 홀로 도는 휀
더 시원한 빙수, 빙수기계의 칼칼한 더위

내 안의 시원함은
바깥의 무더위를 칼날처럼 잉태하고

마른 칼날은
무심코 걷는 또 다른 나를 찌른다

눈물 없이 메마른 고슴도치처럼

친구는 굴절 거울이다

십년 만에 만난 친구들
서로 닮은 모습에 정겹다가

더 행복한 이야기에 오목 거울이 되고
더 애달픈 이야기에 볼록 거울이 되고

스스로를 보지 못하는 눈으로
서로의 거울이 되어

나와 비슷하기를 바라는 마음으로
오목하고 볼록한 거울을 만든다

불신은 믿음이 일군 메마른 땅이다

소통, 신뢰, 자율, 책임
목청이 난무하는 곳에서 불신이 자란다

믿음은 물과 같이 자연스레 흘러야 한다
땅에 스며 촉촉한 마음이 되고
마음에서 자율이 싹터야 하나보다

지하철은 소리 없는 장터다

무거운 소리를 내지르며 지하철이 온다
매일 쓰러질듯 삶의 무게를 묵묵히 짊어진 사람들이
무거운 소리위에 더 무겁게 올라탄다

다시 지하철은 지하의 텁텁하게 죽은 바람을 가르고
군중은 답답한 한숨과 하품으로 무게를 늘리고
아무 말 없이 스마트폰에 열중한다

고독하다고, 스치는 옷자락에 베이듯 아프다고,
말없이 떠드는 그 숱한 이야기를
지하철만 외로이 듣는다

온갖 소리 없는 말들이 지하철을 짓누르는
외로운 장터, 그 속에 내가 있다
장돌뱅이처럼

고향의 밤은 포근한 바다

비 온 뒤 더 맑아진 바람과 하늘
지치고 졸린 자동차를 뉘어 놓고 달려간 고향집

허리 굽은 엄마 아빠 반가이 맞아주시고
사방을 방방 뛰며 기뻐하는 동네 개들 정겹고
길섶마다 잔잔히 노래하는 벌레들도 반갑다

검은 근심 맘껏 풀어놓아도 투명한 푸른 바다
바람 가득한 바다 속에 무념무상으로 쉴 수 있다

내 고향의 밤은 포근한 바다

자전거길은 동행이다

아라뱃길 옆 자전거길
하늘이 바람에 실려 행복한 구름으로 미소 짓고
바퀴가 땅 밟는 소리 선선하게 들리는
가을 아침 자전거길은 동심에 들떠있다

생각 없이 생각하는 자전거를 타고
짙은 가을 바람길을 뚫고 은빛 강물과 더불어
낙엽이 소곤대는 쓸쓸한 지구 위를 횡단한다

복개천 옆 고가도로 밑 자전거길에
공부에 지친 학생들과 삶이 무거운 노인과
세상 가벼운 아이들이 몰려나와 굴려댄다
족쇄 풀린 자전거를 신나게 굴려대며
보이지 않는 지구 끝까지 달려갈 심산이다

굴리다 걷다 쉬다 날쌔게 내빼다 구름과 보조를 맞춘다
차 도로 옆 위험하게 펼쳐진 무수한 내 삶을

그래도
조금 빨리 지나치고픈 가냘픈 마음으로

오늘도
자전거 길과 동행한 바람이 고맙다

하늘공원은 바람의 놀이터

쓰레기 더미위에 뿌리내린 억새풀이
수천만 홀씨들이 고개 숙인 하늘공원

바람 따라 동서남북 춤을 추는 억새 들판
빽빽한 도시 안에 거침없이 뻗어있는 억새가 좋다

오늘도 바람은 하늘부터 땅까지 너울춤을 춘다
흑백의 억새풀과 바람이 놀고 간 덕분에
도시민의 마음도 덩달아 흐뭇해진 가을 오후

가락시장은 은하수다

내가 사는 동네에서 가장 큰 가락시장
새벽마다 무거운 밤 밀어내는 불빛이 켜지고
어두운 바람 속을 내달리는 경매아저씨 붉은 목청에
과일, 채소, 생선들이 몸 사리며 웅크리는 곳

아파트 이십 이층 새벽에 펼쳐진 무수한 불꽃들은
어두운 밤하늘에 총총히 흐르는 은하수
시장터 떠나는 어미아비 걱정하는 아이들의 소원
탁자에서 떠들어대는 가벼운 존재들을 향한 묵직한 발걸음
전날 초저녁에 잠들어 달달하게 영근 행복한 가족의 꿈

노동과 꿈과 소원이 은하수 되어 흐르는
우리 동네 가락시장

詩作

김지훈

기계공학과 경영을 배경으로 자동차용 볼트
냉간단조품 및 절삭가공품 제조
다양성과 행복경영을 추구하는 (주)선일다이파스의 경영자이자
다르게 세상을 보며 정도를 추구하는 개똥철학자

만남은 수수께끼다

앞으로 어떻게 펼쳐질지
알 수 없다

사랑은 파도다

부딪쳐 사라져도
다음 파도가
또 다시 밀려와
나를 안아준다

변화는 바람이다

바람을 거스를 수 없듯이
변화도 거스를 수 없다
변해야 산다

월요일 출근은 설렘이다

이번 주는
또 어떻게 전개될지
주말에 축적된 에너지가 어떻게 발산될지
기대를 가지고 나가는
설렘이다

소통은 솔선수범이다

말로만 하는 소통은
진심으로 통하지 않는다

말과 행동이 일치할 때
조직은 믿고 움직인다

조직의 리더는 아버지다

가족을 책임지듯
조직을 책임지고

가족을 돌보듯
조직을 사랑으로 돌봐야한다

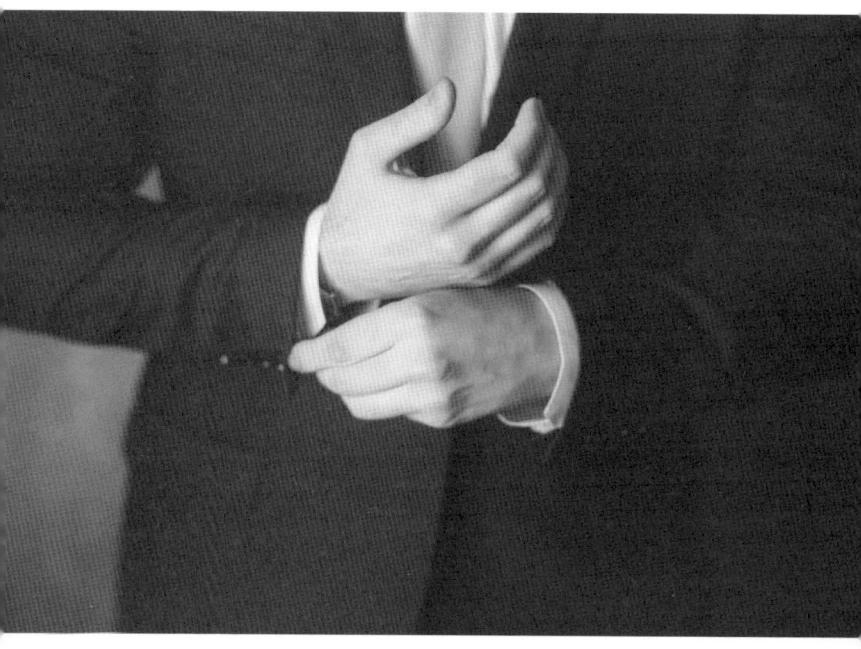

조직은 네트워크다

조직은 혼자도 아니오
한 방향으로만 흘러도 안 된다

유기적으로 상호 작용을 해야 하는
네트워크 생명체다

경영은 사랑의 실천이다

흔히들 경영의 목표는
이익창출이라 말한다

경영의 본질은
가치창출이다

가치 창출은
인류와 지구를 위해 하는 것이고
이의 본질은 인간에 대한
사랑이다

미소는 존중이다

웃는 얼굴을 보면
상대방을 인식하고 존중하게 된다

상대가 나를 무시한다고 생각하지 말고
먼저 웃자

웃는 얼굴은
본 상대는
나를 존중한다

무관심은 죽음이다

무관심은
식물도 말라죽게 하고

무관심은
생산현장도 망가뜨린다

무관심은
모든 걸 죽음으로 내몬다

하루하루 - 詩作
인생은 바라보는 대로 간다

2020년 4월 5일 초판 1쇄 발행

지은이	김기진 김지훈 노진관 부정필 박희성 양승현
	오승건 정이관 조원규 홍기화 황준호 황태옥
펴낸이	안호헌
디자인	바이브온

펴낸곳	도서출판 흔들의자
	출판등록 2011. 10. 14(제311-2011-52호)
	주소 서울 강서구 가로공원로84길 77
	전화 (02)387-2175
	팩스 (02)387-2176
	이메일 rcpbooks@daum.net(편집, 원고 투고)
	블로그 http://blog.naver.com/rcpbooks

ISBN 979-11-86787-24-3 03800
ⓒ 김기진2020. Printed in Korea

* 이 책은 저작권법에 따라 보호받는 저작물이므로 무단 전재 및 무단 복제를 금지합니다.
  따라서 이 책 내용의 전부 또는 일부 내용을 재사용 하시려면 사용하시기 전에 저작권자의
  서면 동의를 받아야 합니다.

* 책값은 뒤표지에 있습니다.
* 파본이나 잘못된 책은 구입하신 곳에서 교환해 드립니다.
* 이 제작물은 아모레퍼시픽의 아리따글꼴을 사용하여 디자인 되었습니다.

* 이 도서의 국립중앙도서관 출판예정도서목록(CIP)은 서지정보유통지원시스템 홈페이지
  (http://seoji.nl.go.kr)와 국가자료종합목록 구축시스템(http://kolis-net.nl.go.kr)에서
  이용하실 수 있습니다. (CIP제어번호 : CIP2020011021)